EL MODELO CANVAS

Analice su modelo de negocio de forma eficaz

Por Magali Marbaise
Traducido por Laura Soler Pinson

Economía y empresa **50MINUTOS**.es

LAS CLAVES PARA EL ÉXITO

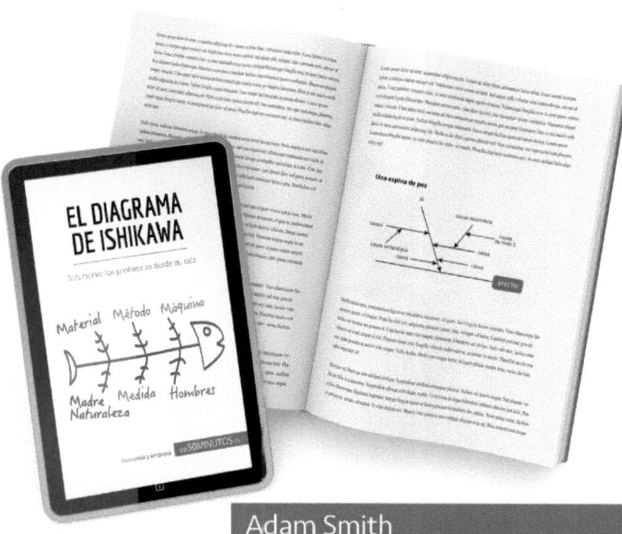

EL MODELO CANVAS

- **¿Denominaciones?** *Business model Canvas*, BMC, modelo Canvas, lienzo de modelo de negocio.

- **¿Utilidad?** El BMC, verdadera herramienta de estrategia, sirve para conceptualizar nuevos modelos de negocio o convertir los antiguos en competitivos. Permite orientar las decisiones relacionadas con el lanzamiento de un producto, de una empresa emergente o de un nuevo proceso gracias a la implementación del valor y del núcleo de la actividad de la empresa que lo utiliza.

- **¿Por qué es eficaz?** La sencillez y la claridad de la propuesta visual de la herramienta hacen que sea fácil utilizarla individualmente o en equipo.

- **¿Palabras clave?**
  - *Business model* o modelo de negocio: modelo con el que una empresa crea valor. A través de una estrategia de desarrollo de la actividad principal, el valor debe traducirse en

consecuencias financieras para la empresa a la altura de la satisfacción del cliente.

- *Business plan* o plan de negocios: proyección con cifras que a menudo se presenta en papel y que rinde cuentas de esta estrategia basándose en análisis de mercado y en datos rigurosamente recogidos y estudiados.
- *Canvas* o lienzo: trama, esquema que recoge de manera estructurada un conjunto de elementos.

¿Quieres montar tu empresa y buscas que una idea revolucionaria con un fuerte valor añadido sea viable? ¿Eres un jefe de empresa y quieres imprimirle dinamismo, insuflar un cambio o incluso conquistar nuevos segmentos de mercado? Antes que nada, para alcanzar tus objetivos, tienes que comprender cómo funciona tu empresa holísticamente, cómo genera valor y qué palanca de crecimiento hay que activar. ¡El modelo Canvas puede ayudarte en este proceso!

Esta herramienta estratégica destinada —no exclusivamente— a emprendedores es desarrollada por Alexander Osterwalder (teórico austriaco, nacido en 1974) en su libro coescrito con

Yves Pigneur (informático belga, profesor en el HEC en Lausana, nacido en 1954) *Business Model Generation* (2010), convertido en un auténtico superventas. El objetivo del modelo Canvas es transformar las ideas en proyectos innovadores y competitivos en el mercado. Para ello, los autores invitan a cada empresa que la utiliza a reflexionar acerca del valor que crea, tanto para los clientes como para las propias empresas. Este modelo está particularmente adaptado a las personas que evolucionan en pequeñas empresas o en empresas emergentes cuya estructura no tiene una fuerte jerarquía: en realidad, este lienzo propone un enfoque más sistémico que la mayor parte de los modelos tradicionales, articulando los diferentes elementos constituyentes de la empresa.

DEFINICIÓN DEL MODELO

Según los creadores del método, este lienzo permite que «una organización cree, presente y capture valor»[1] (Osterwalder 2010, 14). ¡Casi nada!

---

1. Cita traducida por 50Minutos.es

El BMC se inscribe en la tendencia *visual & design thinking*, es decir, permite crear un sistema visual accesible, legible y comprensible para todos gracias a su procedimiento no lineal. Este lienzo en un soporte con el que los emprendedores piensan y construyen su modelo económico en una única página: organizan fácilmente sus ideas en la «plantilla» con casillas para pasar más rápida y eficazmente a la acción. El hecho de ofrecer una visión de conjunto a los modelos en construcción favorece la definición clara de las prioridades y de los planes de acción concretos que se deben llevar a cabo, así como un enfoque creativo y adaptable, lo que simplifica enormemente la elaboración futura de un plan de negocios. Esta herramienta también mejora los intercambios con los clientes y da un verdadero impulso a la comunicación entre trabajadores.

TEORÍA Y PRESENTACIÓN DEL CONCEPTO

Toda empresa sueña con descubrir la clave del éxito, y cuanto más sencilla sea, mejor. Aunque, en realidad, este lienzo no tenga en cuenta el aspecto puramente competitivo, sigue siendo muy interesante y práctico y se encuentra al alcance de todos.

LAS NUEVE CASILLAS DE LA HERRAMIENTA

Esta matriz está compuesta en concreto por nueve bloques interdependientes que plasman toda la actividad de una empresa:

- las actividades clave;
- los socios clave;
- los recursos clave;
- los segmentos de mercado o de clientes;
- los canales de comunicación;
- la relación con los clientes;

- el producto o la propuesta de valor;
- la estructura de los costos;
- las fuentes de ingresos.

Estas casillas están claramente diferenciadas e identificadas, y están repartidas en el lienzo de manera precisa y estudiada. Esta disposición crea sinergias entre ellas y de aquí surge una estrategia única para cada empresa que lleva a cabo el ejercicio.

El modelo Canvas

Estructura de los costos	**Fuentes de ingresos**
Actividades clave	
Socios clave	**Recursos clave**
Propuesta de valor	
Relación con los clientes	**Canales de comunicación**
Segmentos de clientes	

La creación de valor

Estructura de los costos	Fuentes de ingresos
Actividades clave	
Socios clave	Recursos clave
Propuesta de valor	
Relación con los clientes	Canales de comunicación
Segmentos de clientes	

- **Las actividades clave.** Las actividades clave son esenciales en la empresa, puesto que a través de ellas se ofrece una propuesta de valor a los clientes, lo que indirectamente genera un ingreso. Estas propuestas varían según el tipo de modelo económico. Por ejemplo, una compañía de seguros tendrá como actividad clave la protección de los haberes del cliente, así como su indemnización si hay pérdidas, mientras que un hospital se encargará de la salud de sus pacientes. Según Alexander Osterwalder, podemos clasificar las actividades en tres categorías diferentes:

- las que están directamente relacionadas con la fabricación de un producto;
- las que intentarán implementar soluciones (servicios) para responder a las necesidades de los clientes;
- las que pasan, total o parcialmente, por internet (sitios web de venta en línea o bancos, por ejemplo).

- **Los socios clave.** Se suele decir que dos personas piensan mejor que una, y en el mundo laboral, en las empresas, esta idea tiene una repercusión especial. Tener y mantener una buena relación con socios competitivos y fiables —seleccionados a conciencia— refuerza la posición que ocupa la organización en su mercado, dando peso al modelo económico. La naturaleza de las colaboraciones depende de los objetivos que persigue la empresa:

  - contratación externa para favorecer la economía de escala o volver a centrar sus actividades;
  - fusión para reducir el riesgo y la incertidumbre ligados al entorno competitivo;

◦ adquisición de ciertos recursos y actividades que permite «deslocalizar» ciertas actividades en otras empresas. Por ejemplo, una compañía de seguros que apela a una oficina de peritaje externa para solucionar siniestros.

Existen distintos perfiles de socios clave. Ya sea una sociedad o un individuo, lo importante es que aporten una ayuda, un consejo, etc. que facilite el desarrollo de la empresa: bancos, inversores, socios, proveedores, incluso clientes, pero también competidores.

- **Los recursos clave.** Constituyen los haberes de la empresa, sobre los que se apoya y los que le permiten garantizar su actividad económica, es decir, el buen desarrollo de su cadena de valor. Por lo tanto, existe una cierta interdependencia entre la salud de la empresa —tanto en el plano financiero como humano, intelectual (patentes, etc.) o material— y los recursos disponibles para (volver a) lanzar una propuesta de valor. Si seguimos esta lógica, una pyme aprovechará el tamaño humano de su equipo (recursos humanos) para dar prioridad al contacto regular y humano con el cliente. Por el contrario, una empresa informática preferirá concentrarse en los recursos materiales, como procesadores, refrigeradores o almacenes, para reforzar su propuesta de valor.

- **La segmentación de los mercados o de clientes**. La mayoría de las empresas debe su prosperidad a su clientela, que es el vector esencial de muchas actividades económicas. Por lo tanto, es importante conocerla a fondo, discernir sus expectativas y proponerle una oferta que responda de una manera óptima a sus necesidades. A partir de estas necesidades, la organización establece segmentos de clientes con necesidades homogéneas y escoge a qué grupos quiere dirigirse en particular.

¿CÓMO DEFINIR LOS SEGMENTOS? ¿CUÁLES HAY QUE ESCOGER?

Existen diferentes tipos de segmentos de clientes como, por ejemplo, el mercado de masa, el mercado de nicho, el mercado diversificado, etc. Según el tipo de actividad elegido, las capacidades financieras y la realidad económica, la empresa se centrará en un segmento u otro. Un restaurante de alto nivel siempre buscará dirigirse esencialmente a una clientela adinerada, mientras que un bar-restaurante propone, en principio, una carta más accesible (salvo si quiere ofrecer alguna cosa diferente y dirigirse a otro tipo de clientes, caso en el que tendrá que tomar otras decisiones, como por ejemplo ofrecer vinos más caros y destacar esta elección cuando se comunique con su posible clientela). La elección del segmento también puede basarse en criterios de geolocalización: el establecimiento de un restaurante de alto nivel parece más apropiado en ciertos lugares que en otros (en el centro de la ciudad o en el campo).

- **Los canales de comunicación**. Los canales de comunicación son los flujos empleados para que las propuestas de valor lleguen a los clientes. La publicidad, las redes sociales, etc. constituyen «interfaces» determinantes entre la empresa y los clientes.
- **La relación con los clientes**. La optimización de la relación con los clientes es el caballo de batalla de todas las empresas. Cuidar la relación con los consumidores de las propuestas de valor significa dar prioridad a su fidelidad

y, por lo tanto, garantizar en cierta manera la continuidad de la empresa. Una relación se construye a medida que se van entablando los contactos entre el cliente y el producto/servicio/empresa, ya sea a través del consumo/la experiencia como tal o cuando se expone el discurso de márketing de la oferta. Por ello, cada empresa está obligada a establecer de manera concreta la política con la que define su relación actual y futura con el cliente. Esta relación puede ser de varios tipos, desde una más personalizada hasta el autoservicio, pasando por la estandarización.

- **Las propuestas de valor.** Las propuestas de valor son, en realidad, los servicios o productos que la empresa propone —vende— a su clientela.

tisfechas pero, sobre todo, las necesidades que no están satisfechas en el mercado, y analizar qué ofrece la competencia.

El equilibrio financiero

Estructura de los costos	Fuentes de ingresos
Actividades clave	
Socios clave	Recursos clave
Propuesta de valor	
Relación con los clientes	Canales de comunicación
Segmentos de clientes	

- **La estructura de los costos.** En el propio modelo económico se citan y combinan numerosos puntos que se devoran y generan costos (la publicidad es un buen ejemplo).

- **Las fuentes de ingresos.** En esta casilla situaremos las respuestas a las siguientes preguntas: ¿cuáles son las fuentes de ingresos? ¿Qué precio están dispuestos a pagar los clientes y por qué fórmula? Generar fuentes de ingresos es capital, puesto que la supervivencia de la empresa depende de ello. Entre las ofertas más extendidas se encuentran la venta de bienes, el derecho de uso (se paga la utilización), los abonos, el alquiler/préstamo, etc. Más allá de estos ingresos económicos que provienen de la relación B2C, no hay que olvidarse de los que se generan a partir de las colaboraciones, como la publicidad y los patrocinios.

APLICACIÓN DEL CONCEPTO

CONSEJOS Y BUENAS PRÁCTICAS

Organizar un taller BMC

Tal y como hemos indicado con anterioridad, este modelo se inscribe en una lógica interactiva: las partes interesadas de una empresa se reúnen, dibujan la matriz en una gran hoja de papel —que ponen en la pared o en el centro de la mesa—, hablan, interactúan y «pegan» sus ideas en el modelo. Alexander Osterwalder sugiere el método de los pósits, que es muy eficaz en este contexto de reflexión de grupo: se pueden quitar, volver a poner y desplazar siguiendo el hilo de la conversación y los puntos marcados. Durante el taller, el modelo Canvas no se queda «estático», sino que se construye a través de los pósits, puesto que:

- piensas activamente en lo que tienes que situar en cada bloque del modelo, planteándote una serie de preguntas. Para la propuesta de valores, por ejemplo, es interesante preguntarse cuál es el valor que aportas al cliente, qué problema propones resolver, a qué necesidades respondes, etc. Lleva tu reflexión lo más lejos posible;

- compartes tus ideas con tus compañeros y organizáis simultáneamente vuestras ideas con la ayuda de un bloque de pósits por persona y de un rotulador. Con este procedimiento, al lanzar ideas y garabatear borradores, estás elaborando el modelo económico. La idea conductora es que lo simple estimula la creatividad. El objetivo es también implicar a los empleados de todos los niveles de la empresa.

Por último, no olvides que debes poner a prueba tu modelo con frecuencia. Emite hipótesis que te permitirán perfeccionarlo a medida que evolucione la empresa.

LO QUE PRECONIZAN LOS AUTORES

Para crear e implementar un nuevo modelo de negocio, Alexander Osterwalder e Yves Pigneur proponen proceder en cinco fases:

- **reunirse** definiendo los objetivos precisos del proyecto, poniendo a prueba las

primeras ideas, planificando el proyecto y construyendo un equipo compuesto por personas con perfiles distintos, con experiencia y con motivación;
- **comprender** a través de estudios de mercado y de análisis transversales;
- **concebir**, lo que implica que hay que explorar, probar y librarse de las ideas preconcebidas que nos reconfortan, pero que nos impiden ver las cosas de otra manera;
- **desplegar** las ideas ejecutando un plan de negocio y un plan financiero;
- **gestionar** llevando un seguimiento cotidiano riguroso para poder ajustar e incluso replantear el modelo económico.

Recomendaciones rápidas

Cuando un dirigente piensa en reconsiderar el modelo de negocio de su empresa, siempre debe:

- asegurarse de que su proceder es legítimo, pertinente y coherente;
- prever una participación activa de todos los niveles de la empresa para presentar una visión de conjunto y evitar una posible resistencia a los cambios;

- llamar a un mediador imparcial que pueda animar los debates y poner retos a las personas que participan en la conversación;
- hacer el balance con respecto a lo que ya existe para poder definir si hay que partir de cero o no;
- nombrar a responsables que hagan un seguimiento del proyecto para garantizar una transición adecuada cuando se implementen las nuevas directrices.

ESTUDIO DE CASO

Vamos a fijarnos en el caso de una librería generalista que vende tanto novelas, libros de arte o de música, como manuales escolares y libros sobre ciencia. Este establecimiento es famoso por la calidad de sus consejos sobre literatura y también por su extenso catálogo de manuales escolares y universitarios.

Dado que el sector del libro ha experimentado muchas evoluciones durante los últimos años —entre ellas, la venta por internet—, las librerías cada vez están más vacías. Además de esta constatación, el punto de venta que nos interesa también debe hacer frente a una dura competencia: en efecto, hay varias librerías en un perímetro restringido y cada una de ellas intenta salir adelante diversificándose o especializándose. En concreto, a nuestra librería le ha salido una competidora directa en el mercado de los manuales escolares. Por lo tanto, es hora de volver a analizar su modelo económico para no tener que cerrar la tienda.

El gerente de la librería decide revisar su modelo de negocio y convoca al personal (el director de comunicación, la contable, los libreros, las personas encargadas de la recepción, etc.) para analizar la situación. Juntos deben plantearse una serie de preguntas para rellenar el lienzo y actualizar el modelo de negocio establecido. En este punto, es importante que señalemos que se puede empezar el modelo por cualquier casilla.

CONSEJOS PARA UN DIRIGENTE

Alexander Osterwalder advierte de ciertos escollos:

- tener miedo a las ideas demasiado audaces hasta el punto de dejarlas sistemáticamente a un lado. Aunque es cierto que,

potencialmente, generan más riesgos, también suelen ser más interesantes. Cuidado, esto no quiere decir que haya que aprobarlo todo sin una reflexión previa. Por ejemplo, estas ideas pueden ponerse a prueba en un primer momento y ser ajustadas más adelante en caso de que obtengan un cierto éxito;
* hacer automáticamente tabla rasa con el pasado, puesto que no todo tiene por qué ser inservible;
* excluir a ciertos miembros del equipo, puesto que a menudo las mejores ideas surgen en los momentos en común;
* dar prioridad al corto plazo. Como para cualquier concepción de modelo económico, visualizar a largo plazo limita los riesgos.

Análisis del antiguo modelo de negocio

Durante los debates, el lienzo se va rellenando, generando así una visión global del estado actual de las cosas, con los puntos fuertes y los débiles del modelo de negocio actual.

Estructura de los costos
Pedidos a los proveedores: costos variables en función del volumen y de los descuentos ofrecidos

Socios clave

Proveedores/distribuidores belgas y franceses

Actividades clave	Recursos clave
• Ofrecer consejos de calidad • Optimización constante (estudios de mercado, etc.)	• Recursos humanos • Finanzas y tesorería

Propuesta de valor

• Consejos
• Precios competitivos

Relación con los clientes	Canales de comunicación
• Confianza • Fiabilidad • Adaptada al cliente	• Correo electrónico/ teléfono • Contacto directo

Segmentos de clientes

• Universidades
• Bibliotecas
• Clientela fiel
• Público en general

Fuentes de ingresos Ventas directas de bienes (pago en el mostrador o por factura)	
Socios clave Proveedores/distribuidores belgas y franceses	
Actividades clave • Ofrecer consejos de calidad • Optimización constante (estudios de mercado, etc.)	**Recursos clave** • Recursos humanos • Finanzas y tesorería
Propuesta de valor • Consejos • Precios competitivos	
Relación con los clientes • Confianza • Fiabilidad • Adaptada al cliente	**Canales de comunicación** • Correo electrónico/teléfono • Contacto directo
Segmentos de clientes • Universidades • Bibliotecas • Clientela fiel • Público en general	

- **Segmentación de los clientes. ¿Cuáles son los clientes más importantes de la librería? ¿Cuáles son los segmentos afectados? ¿Para quién crean valor?** En este caso preciso, los clientes más importantes provienen de las escuelas y de las universidades, que envían directamente a sus estudiantes a abastecerse a esta librería. Las bibliotecas y los clientes fieles —sobre todo, jubilados— van a menudo para disfrutar de consejos privilegiados.
  - Mercado estable: las bibliotecas y los clientes fieles.
  - Mercado que hay que conquistar todos los años: las universidades.
  - Los particulares o el público en general, que conocen la librería de oídas o que ya han ido, y que vienen una o varias veces al año, de manera más o menos aleatoria (libro o pedido específico, paseo, regalos, etc.).
- **Las propuestas de valor. ¿Cuál es el valor añadido de la librería?**
  - Un buen consejo para la clientela fiel, para el público en general y para los bibliotecarios.
  - «Precios competitivos» para una parte de los bibliotecarios y para las escuelas/universidades, es decir, indirectamente, para los estudiantes.

- **Los canales de comunicación. ¿Cómo se comunica con sus clientes? ¿Cuáles son los canales utilizados?** Los canales que actualmente utiliza son, esencialmente, el correo electrónico y el teléfono. Los contactos con la universidad y las bibliotecas se hacen generalmente a distancia, mientras que los libreros están en contacto directo con la clientela que se desplaza hasta la tienda.

- **La relación con el cliente. ¿Qué tipo de relación mantiene la librería con su clientela?** Mantiene una relación de confianza con la clientela fiel. Con las instituciones como las bibliotecas y las universidades, todas las partes interesadas de esta relación son privilegiadas: la empresa se asegura una economía en los costos, mientras que las bibliotecas y las universidades compran sus libros al mejor precio. Por lo tanto, la relación con el cliente se adapta en función del cliente.

- **La fuente de ingresos. ¿Qué servicios pagan los clientes y cómo?** Aquí se trata de venta directa de bienes: los clientes pagan directamente en el mostrador, o con factura para las bibliotecas y las universidades. Pagan con la garantía de que disfrutan de un servicio y de un consejo a los que están acostumbrados y que aprecian.

- **Los recursos clave. ¿Qué recursos clave exigen las propuestas de valor de la librería?**
  - Los recursos clave de una librería son ante todo recursos humanos, especialmente en la actualidad. Los clientes se desplazan para disfrutar de un consejo y para mantener una relación privilegiada con el librero.
  - El segundo recurso clave es financiero (precio de venta y descuentos negociados con los proveedores, que tienen sobre todo un impacto en la venta a las universidades y a las bibliotecas).
- **Las actividades clave. ¿Cuáles son las actividades clave generadas por la propuesta de valor de la librería?** Para garantizar el mejor precio a las universidades y a las bibliotecas, el gerente hace con regularidad estudios de mercado sobre los precios y los servicios que los competidores proponen. Además, la calidad del consejo depende de los conocimientos de los libreros.

- **Los socios clave. ¿Cuáles son los socios clave de la librería? ¿Con quién trabaja? ¿Cuáles son los socios que le ayudan a crear valor?** Existe toda una red de proveedores belgas y franceses especializados con los que la librería ha establecido relaciones fiables. Sus retos económicos están eminentemente vinculados. Es obvio que una pérdida de ventas para los libreros conlleva una pérdida de ingresos para los proveedores. Por lo tanto, estos han establecido unas tablas de pedidos que hay que analizar a intervalos regulares, puesto que no siempre corresponden a las ventas reales de la librería (exceso de libros que no logra vender). Así, hay que encontrar un equilibrio, sobre todo porque algunos proveedores «bloquean» los pedidos si la librería tiene retraso en sus pagos (lo que implica, por supuesto, unas existencias más reducidas que generan, por ende, menos ventas, creando así un círculo vicioso). De esta manera, es esencial conservar una relación de confianza con los proveedores. Los distribuidores también desempeñan un importante papel, puesto que la librería debe mantener sus promesas de plazos de entrega. La competencia a este nivel es dura con las páginas web de compra, que aseguran una entrega en dos o tres días laborables. Este punto puede mejorarse, puesto que, actualmente, la librería sufre de plazos prolongados.

- **La estructura de los costos. ¿Cuáles son los principales costos de la librería? ¿Qué actividades son las más caras?** Los libreros hacen directamente los pedidos de libros. Por su parte, el responsable gestiona las peticiones específicas de las universidades para hacer un pedido mayor. Los costos de compra son variables, puesto que dependen del volumen y de los descuentos acordados por el proveedor: actualmente son demasiado elevados. Los costos salariales también son importantes, puesto que la edad media de los empleados es relativamente alta.

Proyecto de adaptación del modelo de negocio

Cuando los empleados se reúnen, todo parece posible: basta con atreverse a plantear las preguntas necesarias para actualizar el modelo de negocio. Además, pueden iniciar su reflexión a partir de cualquier casilla. En términos absolutos, hay que tratar de imaginar algo novedoso para cada bloque de la matriz y, a continuación, elegir las sugerencias más adaptadas a la situación.

Así, añadiendo, quitando y moviendo los pósits que recogen las distintas ideas de cada uno, los empleados de la librería visualizan con más objetividad el modelo, lo que genera nuevas sinergias constructivas.

Cambios más importantes

<table>
<tr><td colspan="2">Estructura de los costos
→ Disminución de los costos</td></tr>
<tr><td colspan="2">Socios clave
• Colaboraciones con otras librerías
• Nuevo distribuidor para un mejor seguimiento de las entregas
• Mejorar los contactos con los proveedores</td></tr>
<tr><td>Actividades clave
• Talleres de lectura
• Desarrollo de colaboraciones</td><td>Recursos clave
• Formación de los empleados para desarrollar las nuevas actividades
• Página web de calidad (pedidos por internet)</td></tr>
<tr><td colspan="2">Propuesta de valor
• Calidad de los consejos a los clientes
• Oferta diferente y competitiva</td></tr>
<tr><td>Relación con los clientes
• Oferta adaptada al cliente
• Atención individualizada</td><td>Canales de comunicación
• Comunicación más clara
• Contacto directo
• Internet (página web)</td></tr>
<tr><td colspan="2">Segmentos de clientes
• Escuelas, profesores, alumnos
• Clientela con movilidad reducida o que ya no se desplaza</td></tr>
</table>

Fuentes de ingresos
→ Aumento de los ingresos

Socios clave
- Colaboraciones con otras librerías
- Nuevo distribuidor para un mejor seguimiento de las entregas
- Mejorar los contactos con los proveedores

Actividades clave
- Talleres de lectura
- Desarrollo de colaboraciones

Recursos clave
- Formación de los empleados para desarrollar las nuevas actividades
- Página web de calidad (pedidos por internet)

Propuesta de valor
- Calidad de los consejos a los clientes
- Oferta diferente y competitiva

Relación con los clientes
- Oferta adaptada al cliente
- Atención individualizada

Canales de comunicación
- Comunicación más clara
- Contacto directo
- Internet (página web)

Segmentos de clientes
- Escuelas, profesores, alumnos
- Clientela con movilidad reducida o que ya no se desplaza

Esta nueva versión del modelo de negocio sitúa al cliente en el centro de sus preocupaciones: intenta optimizar la propuesta de valor, desarrollar la relación con el cliente, etc. A menudo se olvida esta última dimensión o se deja de lado en las empresas y, sin embargo, guía de manera inteligente las decisiones estratégicas. La nueva configuración responde mejor a los problemas a los que se enfrenta la librería, puesto que el cliente, cuyos usos de lectura varían (del cliente fiel, de más edad, al desarrollo de un nuevo segmento más joven y/o que ya no se desplaza), está situado en el centro de la estructura económica. La librería debe analizar sobre todo sus actividades clave (lecturas, encuentros literarios, formaciones de sus empleados), la estructura de sus costos (página web, cargas salariales), sus socios clave (distribuidores, proveedores, competencia), sus canales de comunicación (desarrollo de la página web), etc.

LÍMITES DEL MODELO Y EXTENSIONES

LÍMITES DEL MODELO

- **Se evita el aspecto estratégico.** Tal y como hemos señalado antes, el BMC elude el aspecto estratégico de la empresa. Sitúa en el centro de su enfoque la propuesta de valor, suponiendo que la voluntad primera de toda empresa es generar beneficios. Si bien esto es importante —por no decir esencial— para la supervivencia de las empresas, no todas las empresas sitúan sus beneficios en la parte de arriba de la lista de prioridades. Así es, sobre todo, para las asociaciones sin ánimo de lucro. El enfoque estratégico es importante para todo desarrollo de empresas y no tenerlo en cuenta puede provocar que no prestemos atención a segmentos de clientes importantes que quizás no habíamos considerado.
- **Su aplicación universal es relativa.** Este argumento lo desarrolla Philippe Moricou (profesor de estrategia en la institución francesa ESSCA)

en una entrevista realizada por la página web *My-Business-Plan.fr*. Efectivamente, parece que el BMC se aplica más fácilmente a empresas «monoactividad», como las empresas emergentes, que a organizaciones pluridisciplinares. El profesor lo explica por la sencillez de la matriz: hay posibles sinergias entre distintas actividades que no encajarían en las casillas relativamente básicas del modelo.

- **Se deja a un lado la competencia.** El modelo Canvas se centra en la estructura y en el funcionamiento interno de la organización y no tiene en cuenta —o no demasiado— sus parámetros externos, como la competencia. No obstante, es importante integrar la competencia en la reflexión cuando se establece un modelo, puesto que un cambio a este nivel puede acabar afectando al modelo directamente, obligando a la empresa, por ejemplo, a replantearse su meta. En el caso que hemos desarrollado, la empresa quería replantearse su modelo económico porque la competencia se había vuelto demasiado importante y podía afectar a sus propuestas de valor.
- **Análisis estático.** El BMC no tiene en cuenta la evolución de la empresa estudiada: permite

tener una fotografía de su situación en un momento dado y, por consiguiente, borra la visión a largo plazo.

EXTENSIONES DEL MODELO

Dado que el BMC tiene ciertos límites —especialmente le falta dimensión estratégica—, es interesante preguntarse en qué situaciones sería pertinente combinar esta herramienta con otras para resaltar su complementariedad.

La matriz BCG para orientar la estrategia

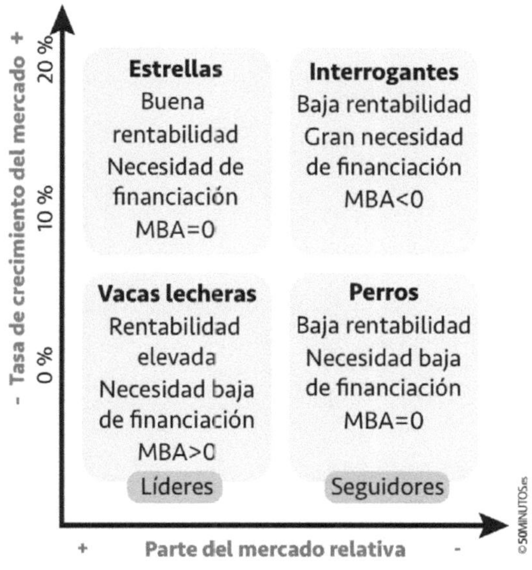

Basándose en los cuatro tipos de ámbitos de actividades estratégicas (DAS, es decir, estrellas, interrogantes, vacas lecheras, perros), este modelo puede completar el BMC, que no tiene en cuenta estas realidades que orientan las decisiones estratégicas. La idea de BCG evalúa, por un lado, la cuota de mercado del producto y, por otro lado, las perspectivas de crecimiento del producto en el mercado. La empresa se basa en estos parámetros para determinar las prioridades en la cartera de productos y asegurar la creación de valor a largo plazo, así como la gestión de *cash flow*.

El modelo de las 5 fuerzas de Porter para superar a la competencia

Las 5 fuerzas de Porter permiten determinar hasta qué punto es atractiva una industria. Se parte de la idea de que las empresas buscan una ventaja competitiva que se mide por su capacidad para generar beneficios o para captar recursos. Estas cinco fuerzas son: los nuevos entrantes (los que pueden entrar en el mercado y constituir una amenaza), los productos sustitutos (productos que son competencia directa), los clientes y los distribuidores, así como los proveedores (que todos tienen un poder de negociación).

EN RESUMEN

- El BMC proviene del libro *Business Model Nouvelle Génération. Un guide pour les visionnaires, révolutionnaires et challengers*, escrito por Alexander Osterwalder e Yves Pigneur en 2011.
- Se trata de un modelo práctico, muy sencillo de utilizar y de aplicación directa. Favorece un ambiente sociable e implica a todos los escalones jerárquicos de la empresa, pero es más adecuados para empresas emergentes que para grandes empresas.
- La matriz se basa en la propuesta de valor que se debe ofrecer a los clientes. Los nueve bloques que la componen se entrelazan y, a partir de las sinergias creadas, se elabora el modelo económico:
  - las actividades clave;
  - los socios clave;
  - los recursos clave;
  - los segmentos de mercado o de clientes;
  - los canales de comunicación;
  - la relación con el cliente;

- el producto o la propuesta de valor;
- la estructura de los costos;
- las fuentes de ingresos.

- El uso de pósits estimula la creatividad, puesto que pueden desplazarse tanto como se quiera durante un taller, por ejemplo. Este último reúne a los distintos actores que participan en la reflexión sobre la creación de valor de la empresa. En este punto, el objetivo es percatarse de las distintas medidas que deben implementarse para desarrollar un plan concreto directamente aplicable.

- Los autores hacen varias recomendaciones importantes: hay que asegurarse de la legitimidad del proceso, concluir con una visión global del modelo, considerar el uso de un mediador que anime los debates, hacer un balance de la situación actual y nombrar a responsables que se encarguen de convertir el proyecto el algo concreto.

- Tal y como hemos visto en el ejemplo concreto de la librería, la relación y las propuestas de valor a los clientes ocupan un lugar fundamental en este lienzo. Sin embargo, los autores avisan a los dirigentes de empresa: no hay que tener miedo de ser demasiado ingenioso, hay que reunir a un máximo de personas en la concepción del BMC y hay que partir de lo que se conoce sin hacer tabla rasa del pasado, puesto que de hacerlo podemos encontrarnos con importantes problemas de coherencia.

- Sin embargo, hay que tener cuidado, puesto que esta herramienta puede tener algunos límites, como las visiones estratégicas y competitivas, que se dejan de lado. Por ello, se recomienda acompañarlo de un plan de negocio con el fin de no olvidar ningún detalle.

¡Tu opinión nos interesa!
¡Deja un comentario en la página web de tu librería en línea,
y comparte tus favoritos en las redes sociales!

PARA IR MÁS ALLÁ

FUENTES BIBLIOGRÁFICAS

- Creativité, "Business Model — Nouvelle Génération: Un guide pour visionnaires, révolutionnaires et challengers d'Alexander Osterwalder et d'Yves Pigneur". Consultado el 27 de febrero de 2018. http://www.creativite.net/business-model-nouvelle-generation-alexander-osterwalder-yves-pigneur/

- Kotler, Philip, Kevin Keller y Delphine Manceau. 2012. *Marketing Management*. Upper Saddle River: Pearson.

- Menin-Urien, Gaëlle. 2012. "2013, action comerciale – Conseil 6: apportez de la valeur ajoutée!". *Le blog du manager commercial*. 21 de diciembre. Consultado el 27 de febrero de 2018. http://www.management-commercial.fr/2012/12/21/2013-quelle-action-commerciale-apportez-de-la-valeur-ajoutee/

- My-Business-Plan, "Philippe Mouricou vous dit tout sur le *Business Model Nouvelle Génération*", 2013. Consultado el 27 de octubre de 2016. http://www.my-business-plan.fr/interview-philippe-mouricou-businessmodel

- Osterwalder, Alexander e Yves Pigneur. 2011. *Business Model Nouvelle Génération. Un guide pour visionnaires, révolutionnaires et challengers.* Upper Saddle River: Pearson.

- UCM, "Le Business Model Canvas. Un outil stratégique pour l'entreprise". Consultado el 27 de febrero de 2018. http://www.ucm.be/ Entreprendre/Le-Business-Model-Canvas-Un-outil-strategique-pour-l-entreprise

- Universidad de Lausana. "Yves Pigneur". *Faculté des Hautes Études Commerciales.* Consultado el 27 de febrero de 2018. https://hec.unil.ch/people/ ypigneur

FUENTES COMPLEMENTARIAS

- Alexander Osterwalder. Consultado el 27 de febrero de 2018. http://alexosterwalder.com/

- Johnson, Gerry, Kevan Scholes, Whittington Richard y Frédéric Frery. 2011. *Stratégique.* París: Pearson Education.

- Modelo Canvas. Consultado el 27 de febrero de 2018. http://www.businessmodelgeneration.com/ canvas/bmc

VÍDEOS

- "Business model Canvas explained", vídeo en YouTube, publicado por "Strategyzer", septiembre de 2011, https://youtu.be/QoAOzMTLP5s

- "Osterwalder explaining the Business Model Canvas", vídeo en YouTube, publicado por "Gonzalo Aste", mayo de 2012, https://www.youtube.com/watch?v=RzkdJiax6Tw

¿QUIERES IR AÚN MÁS ALLÁ?

¿Quieres tuitearte con Alexander Osterwalder, seguir su curso por internet o contratarlo como conferenciante? Está al alcance de tu mano, ¡solo tienes que visitar su página web!

50MINUTOS.es
Historia
Economía y empresa
Coaching
Book Review
Salud y bienestar
Arte y literatura
EL DIAGRAMA DE ISHIKAWA
Material Método Máquina
Madre Naturaleza Medida Hombres
LA GUERRA DE PALESTINA DE 1948
DOMINA EL ARTE DEL NETWORKING
¡APRENDER NUNCA ANTES FUE TAN RÁPIDO!
www.50minutos.es

www.50Minutos.es

ISBN ebook: 9782806280589

ISBN papel: 9782806291080

Depósito legal: D/2016/12603/856

Libro realizado por Primento, el socio digital de los editores